OBSERVATIONS

SUR

LE RENOUVELLEMENT

INTÉGRAL

ET LA SEPTENNALITÉ.

Par l'Auteur de l'ouvrage intitulé : *De la Constitution de l'Angleterre.*

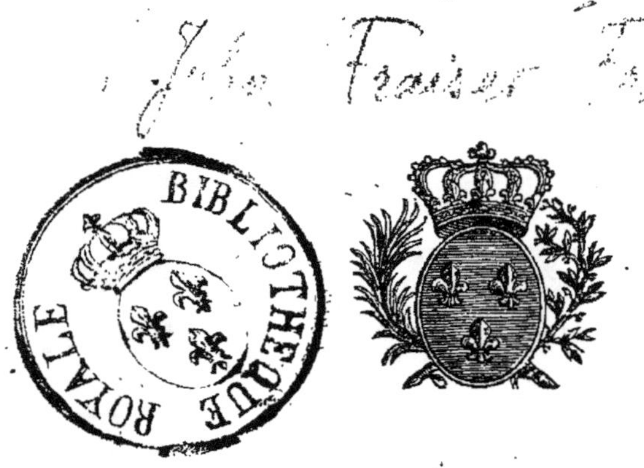

A PARIS,

CHEZ LE NORMANT PÈRE, LIBRAIRE,

RUE DE SEINE, N° 8, PRÈS LE PONT DES ARTS.

MDCCCXXIII.

OBSERVATIONS

SUR

LE RENOUVELLEMENT

INTÉGRAL

ET LA SEPTENNALITÉ.

***

Depuis que le ministère paroît avoir formé le dessein de dissoudre la Chambre actuelle des Députés, et de proposer à une nouvelle Chambre la modification de l'article de la Charte qui ordonne le renouvellement annuel du cinquième des députés, il a paru plusieurs écrits pour ou contre le changement projeté. Parmi ces écrits tout le monde a été frappé de celui qu'on attribue à un écrivain dont la profondeur des pensées égale la supériorité du style. Si, par bienséance ministérielle, il n'a pas signé son nom, on ne peut pas dire qu'il ait gardé l'anonyme. Dans ce court écrit on trouve des argumens inattaquables sur les avantages du renouvellement intégral de la Chambre élective, et sur la nécessité de l'établir; mais comme l'illustre auteur ne pouvoit ignorer que son style le décèleroit, son caractère de ministre l'a obligé de garder une certaine réserve, même dans ses pensées. S'il avoit voulu développer toutes ses idées, il n'auroit probablement rien laissé à dire sur le sujet. Je suis assurément bien loin de prétendre le commenter, ou de suppléer à son silence. J'offre donc sans prétention quelques réflexions qui se sont présentées à mon esprit par l'habitude où je suis de m'occuper de matières politiques. J'ai au moins le mérite d'être impartial dans mes opinions. Comme étranger je ne puis être député, et je n'ai rien à demander ni à attendre.

Je commencerai par ce que les avocats appellent la *question préjudicielle*, et qu'on pourroit bien appeler ici la *question oiseuse*. Il est souverainement absurde de soutenir que dans une monarchie mixte les trois pouvoirs réunis n'ont pas le droit de faire dans la constitution les changemens que l'expérience démontre nécessaires. Dans une constitution même la plus parfaite, et qui est le résultat de l'expérience des siècles, comme celle de l'Angleterre, le besoin d'être retouchée se fait sentir de temps en temps, et aucun Anglais ne doute du droit qu'a le Parlement d'y apporter toutes les modifications qu'il jugeroit convenable. Voudroit-on refuser ce droit au Parlement de France pour une constitution qui n'est pas le produit des mœurs et l'ouvrage du temps, mais l'exposé d'une théorie écrite qui n'a pas encore dix ans d'application! Dans toute société, l'*omnipotence* est un droit essentiel du pouvoir législatif, sous peine de la dissolution de la société. Dans une monarchie absolue, ce droit existe dans le monarque, en qui est censé résider exclusivement le pouvoir législatif ; mais, par le fait, il n'y a presque pas de monarchie, quelque *absolue* qu'elle paroisse, où il ne se trouve quelque corps, soit de nobles, soit de magistrats, soit de prêtres, que le monarque est plus ou moins obligé de consulter sur tout changement important dans les lois civiles ou politiques (1). Mais dans

(1) Quoique l'*omnipotence législative* existe de droit dans tous les gouvernemens, il est certain qu'elle est plus clairement établie et plus facilement exercée dans un gouvernement représentatif que dans un gouvernement absolu. C'est le défaut d'omnipotence qui est une des causes de l'espèce d'enfance où restent les gouvernemens *absolus*. Plus le monarque a *seul* le pouvoir

une monarchie mixte, où le monarque a octroyé d'une manière précise une partie du pouvoir législatif à deux Chambres, il est clair que c'est dans la réunion des trois pouvoirs que réside l'omnipotence législative. Dire que cette omnipotence ne réside nulle part, c'est condamner toutes les sociétés humaines à une mort certaine. Prétendre qu'elle n'existe que dans la volonté générale du peuple, c'est donner des droits à l'anarchie, et vouloir que la société expire dans des convulsions. L'expérience des dernières trente années a fait justice du dogme absurde et monstrueux de la souveraineté du peuple. Ceux qui le prêchent encore mériteroient une place ou à Bedlam ou à Charenton.

Si l'omnipotence doit résider dans le pouvoir législatif, sous peine de la ruine de l'Etat, il est pourtant évident que ce droit, par la raison même de son existence, ne peut s'exercer que pour le bien de la société. En Angleterre, le Parlement a le droit non disputé, de condamner un individu à mort par

législatif, moins il est omnipotent. Voyez à cet égard la différence de l'omnipotence du Parlement d'Angleterre et celle du Grand-Seigneur.

forme de bill (1), et sans l'entendre. Ce droit ressemble à celui qu'avoient les dictateurs à Rome; il peut être quelquefois utile à l'Etat; mais il ne s'ensuit pas qu'il doive être exercé sans nécessité. Il en est de même de l'exercice de l'omnipotence parlementaire à l'égard des institutions politiques. Il y a un droit de prescription pour les institutions comme pour les propriétés, et quand une institution a existé long-temps sans inconvénient réel, il faut une utilité publique clairement démontrée pour en justifier même la moindre modification. C'est d'après ce principe, base de toutes les légitimités, que les Anglais respectent tant ce qui est ancien, et sont si scrupuleux observateurs des *précédens*. Ainsi un droit se trouve limité par un autre droit, et il en est du monde moral comme du monde physique, où l'ordre parfait résulte de l'opposition des forces. La toute-puissance même de l'Être-Souverain, s'il est permis de comparer le fini à l'infini, est bornée par ses autres attributs, et elle ne *peut* être exercée que pour le bien général de l'univers. Si sous George Ier les Parlemens triennaux avoient eu lieu sans in-

(1) Ce bill s'appelle *bill d'attaindre*.

convénient depuis trente ans seulement, je doute fort que le Parlement se fût cru autorisé *moralement* d'introduire la septennalité. Mais les Parlemens anciens n'avoient rien de fixe, ni pour leur durée, ni pour leur convocation : les Parlemens triennaux ne datoient que du règne de Guillaume et Marie, et les inconvéniens qui résultoient de leur courte durée étoient évidens. Maintenant que les Parlemens septennaux ont acquis une légitimité de plus de cent ans, il est probable qu'ils ne seront abolis que par une révolution qui détruira toute la constitution. Mais en France, où toutes les institutions sont d'hier, aucune n'a acquis le moindre droit de prescription. Le pouvoir royal seul a toute la plénitude de la légitimité, une légitimité fondée sur une durée de mille ans ; et, pendant cette longue suite de siècles, il a toujours été exercé pour la gloire et le bonheur de la France. Les autres institutions d'un pays quelconque ont un droit abstrait de légitimité indépendant des personnes ; mais le pouvoir royal s'identifie avec la famille du monarque, et jamais famille souveraine n'a eu un droit de légitimité pareil à celui de la Maison royale de France. Les deux autres pouvoirs du Parlement français tiennent leur droit abstrait d'existence du pouvoir royal qui les a institués ; mais le mode de leur existence peut et doit être changé jusqu'à ce que le temps et l'expérience aient prouvé qu'on a trouvé celui qui convient le mieux au bonheur de la nation. Non pas qu'il faille constamment faire des expériences politiques ; mais, quand une institution nouvelle est évidemment mal organisée, et peut être améliorée sans secousse, ce seroit de la folie de ne pas vouloir la perfectionner. Or, c'est le cas de la loi actuelle sur le renouvellement de la Chambre des Députés, loi productive des inconvéniens les plus graves, et incompatible avec la stabilité du gouvernement et le repos de la France.

La loi du renouvellement par séries est une des plus fortes preuves de l'imperfection des théories politiques, même les plus spécieuses, en apparence. L'idée en a été conçue, il y a trente ou quarante ans, par des philosophes spéculatifs qui croyoient y avoir trouvé le meilleur remède aux défauts inhérens plus ou moins à tout corps législatif renouvelé périodiquement. Un système qui présentoit une régularité géométrique ne pouvoit manquer de séduire les politiques mathématiciens de la révolution, mais il n'y a rien de commun entre la science de la politique et celle de la géométrie. Les vérités de la politique ne sont pas fondées sur des abstractions de l'esprit, mais sur les intérêts et les passions des hommes qui n'ont rien de régulier. La science du gouvernement est tellement opposée à la régularité de la géométrie, à ses *series* et à ses *cercles*, qu'on peut être sûr d'avance que toute théorie politique qui présente une régularité spécieuse dans son plan d'exécution est une théorie inexécutable (1). Le renouvelle-

(1) L'idée d'une rotation annuelle de l'assemblée législative, quoique conçue par des philosophes théoristes qui avoient probablement les meilleures intentions, a été exécutée en France pour la première fois par la fameuse Convention, après le massacre des sections de Paris. Sachant l'horreur qu'elle inspiroit, et craignant la justice d'une assemblée renouvelée intégralement à cette époque par toute la France, elle décréta que lors de la mise en activité de la *Constitution de l'an III*, les deux tiers des députés convientionnels resteroient en place, et qu'un tiers seulement seroit renouvelé. Ainsi c'est à une assemblée que tout royaliste doit avoir en exécration, qu'on doit l'introduction du renouvellement partiel. — Si l'on veut voir un bel échantillon de l'esprit géométrique appliqué à la politique, on n'a qu'à lire l'ouvrage du conventionnel Condorcet sur les assemblées provinciales,

• ment partiel s'est glissé dans la Charte, apparemment par un certain reste de respect qu'on avoit alors pour les usages du gouvernement de Buonaparte. Mais sous cet habile despote, toutes les théories de constitution étoient également bonnes. Comme il vouloit conserver un simulacre de représentation nationale, son instinct despotique lui fit préférer le renouvellement par séries, au renouvellement intégral, parce qu'il s'éloignoit davantage du véritable caractère d'une assemblée représentative. Il est probable aussi que les rédacteurs de la Charte ont réellement cru que le renouvellement par séries avoit tous les avantages annoncés par les théoristes qui l'ont imaginé.

Voici ces prétendus avantages. 1°. Les élections, quand elles se font partiellement tous les ans, étant bornées à certains districts, n'agitent pas toute la société, comme font des élections générales, et le repos public y gagne beaucoup. 2°. Le gouvernement qui est nécessairement très-intéressé au résultat des élections, et obligé par conséquent de s'en occuper beaucoup, a plus de moyens de surveiller

publié avant la révolution ; on y trouve des séries *ascendantes* et *descendantes* de tous les degrés.

des élections partielles que des élections générales. Cette surveillance partielle ne nuit pas
à ses autres occupations, comme feroient les
soins qu'exigent des élections générales, et la
marche des affaires publiques n'en souffre
nullement. 3°. Le renouvellement partiel a de
plus le grand avantage de ne pas changer l'esprit politique de l'assemblée législative. Avec
le renouvellement par cinquième surtout, les
députés nouveaux qui arrivent annuellement
dans la Chambre n'en formant qu'une très-
foible partie, loin de pouvoir rien entre-
prendre contre les députés anciens, prendront
bientôt les allures politiques de ceux-ci. On
réunit ainsi deux grands avantages, le changement successif des hommes et la perpétuité
des principes.

Voilà, je crois, le résumé de tous les argumens en faveur du renouvellement partiel. Ils
ont quelque chose de spécieux, il faut l'a-
vouer, sur le papier, mais la pratique en
démontre la fausseté. L'expérience prouve
que les inconvéniens inhérens à toute assemblée législative élue pour un temps, sont au
contraire infiniment plus grands avec le renouvellement partiel qu'avec le renouvelle-
lement intégral.

En comparant les deux systèmes, il faut admettre que le renouvellement intégral pour être juste n'a lieu qu'au bout de quelques années. Des élections générales tous les ans ou même tous les deux ou trois ans, vaudroient encore moins que des élections partielles et annuelles. Il faut donc qu'avec le renouvellement intégral on suppose que les députés restent en place pendant un temps assez long pour donner de la stabilité au gouvernement et laisser se calmer l'agitation des esprits produite par les élections. Pour conserver cependant l'esprit du gouvernement représentatif, il ne faut pas que la durée de la Chambre des représentans soit excessive. Une durée de sept ans paroît obvier à tous les inconvéniens, surtout en supposant, comme on doit le faire, l'exercice du droit royal de dissoudre la Chambre élective avant le terme légal de l'existence de cette Chambre (1). Maintenant comparons le renouvellement par cinquième annuel avec le renouvellement intégral et la septennalité.

(1) Une durée même de six ans paroît bien longue aux ambitieux de quarante ans ou qui approchent de cet âge. Pour concilier donc tous les avantages, il faudroit que la loi de septennalité fixât à trente ans l'âge nécessaire pour être député.

1°. Quant à l'agitation des esprits produite par les élections, il faut être bien ignorant des passions humaines pour imaginer qu'en partageant en cinq parties le nombre total des élections, on diminue dans la même proportion l'agitation et les intrigues qu'elles occasionnent. Cela est vrai quant au déplacement des électeurs ; tout ce qui est physique suit la loi des proportions géométriques, mais il n'en est pas de même du monde moral. Il y a quatre-vingts départemens en France, et d'après le renouvellement par cinquième, seize départemens ont des élections tous les ans. Mais l'agitation et les intrigues, loin d'être renfermées dans ces seize départemens, se répandent dans tout le royaume, et ne sont guère inférieures à celles que produiroient des élections générales. Les ambitieux qui n'ont pu se faire élire dans leur propre département, tâcheront d'obtenir des voix dans ceux où se font les élections ; les partis politiques s'agiteront partout, et surtout dans la capitale, foyer principal de toutes les intrigues ; souvent les électeurs, au lieu de prendre leurs représentans parmi les propriétaires de leur département nommeront un intrigant qui leur est entièrement inconnu. Une élection à Dunkerque pourra remuer les esprits à Marseille. Les journaux des différens partis seront chaque année remplis des mêmes diatribes qu'ils feroient entendre s'il y avoit une élection générale, et ceux de l'opposition ne manqueront pas d'annoncer la ruine de la France avec la perte de toutes les libertés civiles et politiques, si les candidats de leur parti ne sont pas élus.

2°. Le ministère de son côté ne sera pas spectateur tranquille; en dépit des théoristes, il sait qu'il est de la dernière importance de s'assurer de la majorité du nouveau cinquième. Il faut qu'il déjoue les intrigues qui s'ourdissent partout contre lui, et il sera tout aussi occupé de ce soin que si l'élection étoit générale. Supposons que la Chambre des Députés soit composée de quatre cent trente membres, que le ministère ait non seulement la majorité *légale* qui lui est absolument nécessaire, mais, ce qui est presque aussi nécessaire, la majorité que j'appellerois *morale*, majorité qu'on peut évaluer à environ les trois cinquièmes des voix. Supposons de plus que sur les quatre-vingt-six députés sortans, il y en ait les deux tiers de *ministériels*, et que l'*opposition* parvienne à nommer la moitié des députés rentrans, il est clair que le ministère perd sa majorité *morale*. Mais on peut même supposer que dans telle série rentrante l'opposition parvienne à nommer les deux tiers des députés, et davantage, et alors le ministère à qui il ne resteroit plus que sa stricte majorité légale, n'oseroit plus rester en place. Ainsi il est évident que le renouvellement partiel par cinquième met tous les ans en danger l'existence du ministère, et en absorbant son attention l'empêche de s'occuper de ces grandes mesures d'utilité publique qui demandent du temps, et l'assurance morale de n'être pas renvoyé au milieu d'une opération importante. Aussi, tant que le renouvellement partiel aura lieu en France, tout sera provisoire dans les institutions.

Dira-t-on que le ministère ne devroit pas s'occuper des élections; que les électeurs alors votant selon leur conscience, nommeroient des députés qui représenteroient réellement l'*opinion publique*, et que si cette opinion étoit contraire au ministère, il devroit s'en aller sans regrets? Cette doctrine pourroit être bonne dans une société composée d'hommes parfaitement vertueux et éclairés; mais dans une pareille société, il n'y auroit besoin ni d'électeurs, ni de députés, ni de ministres. Assurément la France est bien loin d'un pareil état de perfection, et un ministère qui seroit assez niais pour laisser un libre cours aux intrigues de l'*opposition*, et s'en rapporteroit uniquement à la vertu et aux lumières des électeurs, mériteroit d'être chassé le plus promptement possible. Dans un pays où depuis plus de trente ans on a prêché, et où l'on prêche encore publiquement les doctrines les plus opposées à l'ordre et à la morale, l'opinion de la multitude que quelques personnes affectent d'appeler l'*opinion publique*, loin d'influer sur le gouvernement, doit être l'objet constant de sa surveillance.

Cependant l'influence du ministère dans les élections a de justes bornes. Il ne pourroit appuyer des candidats sans considération, qu'en s'exposant à perdre la sienne et à manquer son but. D'ailleurs, des députés, dont la loi exige une fortune indépendante, bien que le ministère ait pu leur procurer quelques voix de plus qu'ils n'en auroient eu sans lui, ne lui seront jamais dévoués d'une manière servile. Ils n'approuveront jamais des mesures évidemment contraires au bonheur public.

Entre le ministère et la majorité qui le soutient, il y a *action* et *réaction*, il y a une influence réciproque qui exclut la dépendance. Un des grands avantages d'une monarchie mixte, c'est que l'intérêt du ministère est nécessairement lié à celui de l'État. Dans son propre intérêt, il ne peut vouloir que le bien général. Il peut se trouver quelquefois, il est vrai, dans un pareil gouvernement des ministres assez ignorans pour ne pas toujours distinguer le bien du mal, ou dont l'esprit de parti aveugle le jugement, mais ils ne resteront pas long-temps en place. Ils seront bientôt abandonnés de leurs propres partisans, et tomberont dans le néant pour n'en plus sortir.

3°. Il me reste maintenant peu à dire pour prouver la fausseté de cette prétendue perpétuité de vues politiques qu'on attribue à une Chambre de Députés renouvelée partiellement. L'arrivée d'une nouvelle série pouvant tous les ans changer la majorité de la Chambre, il est clair qu'elle n'a rien de stable. Au lieu d'une perpétuité de vues politiques, il se forme dans une pareille assemblée, un esprit perpétuel d'intrigues. La *minorité*, ayant tous les ans l'espoir de devenir *majorité*, est beaucoup plus remuante que dans une assemblée qui doit durer plusieurs années. En même temps qu'elle intrigue au dehors, elle tâche de gagner sourdement quelques membres de la majorité, et il y en a toujours quelques uns qui croient avoir à se plaindre du ministère. Celui-ci a donc à la fois la crainte des nouveaux arrivans, et celle de la désertion de quelques uns de ses anciens amis. De là des menées de toutes les espèces, et il en résulte que les députés s'occupent beaucoup plus de l'art de parvenir que de la science de la politique.

En voilà assez, il me semble, sur les prétendus avantages du renouvellement partiel, sous les rapports du calme des élections, du repos du gouvernement et de la stabilité de l'esprit politique de la Chambre des représentans. Mais j'ai parlé jusqu'ici du renouvellement partiel, abstraction faite du droit de dissolution qui réside dans la couronne, et qu'il ne faut pourtant jamais oublier. Aucune monarchie mixte ne peut exister sans ce droit qui est la sauvegarde du trône. Il est si important qu'il faut qu'il soit exercé, même sans nécessité, pour que d'abord il ne tombe pas en *désuétude*, et ne devienne pas ce que les Anglais appellent un *droit dormant*, et ensuite pour que l'exercice de ce droit ne cause pas une certaine consternation dans la société, comme font toutes les mesures extraordinaires. C'est d'après ce principe qu'en Angleterre on ne laisse jamais le Parlement mourir de sa belle mort. Quoique sa durée légale soit de sept ans, il est toujours dissous au bout de la sixième année, et quelquefois plus tôt selon l'intérêt du gouvernement. Supposez donc que, d'après les mêmes principes, et avec une Chambre de députés organisée comme à présent, le Roi voulût exercer son droit de dissolution tous les quatre ans, il en résulteroit le double inconvénient d'une élection partielle tous les ans, et d'une élection générale beaucoup trop fréquente, et enfin, une grande inégalité entre les élections des différentes séries. Si, par exemple, les séries sortoient de l'urne de la même manière pendant deux dissolutions, une série de départemens auroit quatre élections, pendant qu'une autre n'en auroit que deux. De plus, un département ne pourroit jamais savoir pour combien d'années il nomme ses députés. Dans une dissolution avec la *septennalité*, les élections sont d'abord égales partout, puis les électeurs s'attendant à l'exercice à peu près régulier du droit de dissolution, ne se trompent pas beaucoup sur le temps pour lequel ils nomment leurs représentans. — On croiroit, d'après la rédaction de la Charte, que ses auteurs, en établissant le renouvellement partiel à la fin d'un paragraphe, n'ont pas pensé dans le moment au droit de dissolution (1).

Une Chambre inamovible a de la dignité, une Chambre renouvelée intégralement a de l'énergie ; mais une Chambre renouvelée partiellement n'a aucune de ces deux qualités ; elle a quelque chose d'équivoque qui déplaît, comme tout ce qui porte ce caractère. C'est probablement un des motifs qui a fait adopter le renouvellement partiel à Buonaparte, dont le grand principe étoit d'avilir, autant que possible, toutes les institutions. Un renouvellement intégral a au contraire quelque chose de franc qui influe réellement sur les députés. Une élection générale renverroit à la Chambre précisément les mêmes députés qui en seroient sortis, qu'ils auroient gagné par le seul fait.

(5) Voici l'article de la Charte :

« Les députés seront élus pour cinq ans, et de manière que la Chambre soit renouvelée chaque année par cinquième. » La Charte donne ainsi à la Chambre un *droit de dissolution*, puisque la Chambre peut renvoyer au bout d'un, de deux, de trois ou de quatre ans, des députés qui ont été élus pour cinq ans. Quoi qu'on en dise, la Chambre empiète ainsi sur la prérogative royale.

de leur réélection. Ils se seroient, pour ainsi dire, retrempé l'esprit et le caractère dans l'opinion publique.

En parlant des inconvéniens du renouvellement partiel, j'ai indiqué à peu près tous les avantages du renouvellement intégral. Les élections se faisant à la fois dans tout le royaume, il y a peut-être moins d'intrigues que dans un renouvellement partiel. Les habitans de chaque département étant occupés de leurs propres élections n'ont pas le temps de se mêler de celles des autres. Chaque localité nommera ses députés parmi ses représentans naturels, c'est-à-dire parmi les propriétaires les plus respectables du voisinage, et les aventuriers ne pourront pas troubler le royaume. Quel avantage pour le gouvernement de n'avoir pas à s'occuper des élections pendant six années, d'être *moralement* sûr de conserver sa majorité pendant tout ce temps ! Et l'avantage du gouvernement devient celui de la nation, puisque les ministres ne craignant pas pour leur existence à chaque session, peuvent donner tous leurs soins aux intérêts du public. Les députés de leur côté auront eu le temps de se faire connoître ; et s'ils ont su se concilier l'estime et la reconnoissance de leurs commettans , ils seront presque sûrs d'être renvoyés à la Chambre. Il arrivera donc par le fait qu'une élection générale avec la *septennalité*, changera très-peu la composition de la Chambre. Il en résultera à un certain degré cette perpétuité d'esprit politique qu'on attribue faussement au renouvellement partiel.

Mais, dira-t-on, vous voulez donc que le ministère reste toujours en place? Non, mais je ne veux pas qu'il soit tous les jours à trembler pour son existence. Il en est de la *mort politique* d'un ministre comme de la mort naturelle d'un individu. Une crainte salutaire de la mort naturelle ne fait que du bien; elle est un puissant motif pour nous faire remplir tous nos devoirs ; mais si on craignoit réellement de mourir chaque jour, on ne seroit capable de rien. La septennalité n'ôte pas au ministère la *crainte salutaire* de la mort ; mais il n'en éprouve pas les angoisses journalières comme avec le renouvellement partiel. Avec la septennalité, les ministres ont la certitude morale d'avoir une majorité pendant quelques années; mais cette majorité ne sera jamais assez servile pour les dispenser du soin de conserver son estime. La minorité de son côté, au lieu d'être intrigante et factieuse, jouera le rôle qui lui convient et sera ainsi très-utile à l'Etat. Elle surveillera les opérations du ministère et dénoncera à la nation toutes celles qu'elle croira lui être nuisibles. Ne comptant plus sur un renfort annuel d'auxiliaires, et ne sachant pas par quelle combinaison politique elle peut parvenir aux places, elle attaquera les choses, de préférence aux personnes. Son langage sera modéré, elle n'enflammera pas la nation par des déclamations violentes qui paroissent plutôt dictées par la haine du gouvernement que par l'amour du bien public. Elle attendra patiemment que le ministère commette quelque faute qui lui fasse perdre des voix, ou qu'il se brouille avec quelques uns de ses amis. — Et en effet un ministre, quelque habile qu'il soit, finit toujours par mécontenter quelques uns de ses partisans. Car il ne peut pas traiter tout le monde selon le prix que chacun attache à son mérite.

Le caractère changeant de tous les hommes, et surtout des Français, oppose aussi un obstacle permanent à un long règne ministériel. Il faut de plus compter sur l'inconstance de la fortune qui renverse les projets les mieux concertés; et un ministère est jugé non sur ses intentions, mais sur ses succès. Ajoutez à tout cela les caprices des cours ; et quoique ces dangers soient moins forts pour un ministère dans un gouvernement représentatif que dans une monarchie absolue, ils ne laissent pas que d'être considérables. Malgré donc la septennalité et une majorité, le ministère ne doit pas s'endormir sur ses succès, ni se flatter de conserver toujours le pouvoir. Il est difficile d'assigner le terme naturel de la *vie* d'un ministère dans un gouvernement représentatif le mieux établi, mais il me semble qu'on ne peut guère le calculer au-delà de sept ans. Encore y a-t-il bien peu de ministres qui vivent *âge de ministre*. Ceux qui vont au-delà sont sûrement aussi heureux qu'habiles.

Avant de finir, je veux répondre aux argumens de certains partisans du renouvellement partiel, qui abandonnent, disent-ils, le champ de la théorie, et veulent s'en tenir à l'expérience de la France. Les assemblées renouvelées intégralement, disent-ils, n'y ont jamais fait que du mal, témoin l'*Assemblée constituante*, l'*Assemblée législative*, et la *Convention*. C'est au contraire avec le renouvellement partiel que les principes royalistes, étouffés par les assemblées intégrantes, ont repris

de la force ; et quand un ministère *audacieux*
a osé dissoudre une *Chambre* qu'un auguste
personnage avoit qualifiée d'*introuvable*, et a
obtenu par ses *intrigues* une majorité dans une
nouvelle Chambre, c'est par le moyen du renouvellement partiel que cette même Chambre,
au bout de trois ans, est redevenue royaliste,
et a culbuté le ministère. Je me sers des expres-
sions de ceux que je combats.

Dans une question politique, des argumens
fondés sur l'expérience sont du plus grand
poids ; mais pour cela il faut que l'expérience
ait été bien faite. — Comment peut-on citer
l'*Assemblée constituante* dans une question où
il s'agit en même temps de la septennalité et
de l'exercice du droit royal de dissolution ?
L'*Assemblée constituante* n'a duré que *deux*
ans. Si elle étoit restée seulement *quatre* ans
en place, elle auroit réparé une grande partie
des maux qu'elle a causés, et la monarchie
n'auroit pas péri. Avant de se séparer, elle
ajouta même à toutes ses autres sottises celle
de déclarer que ses membres ne pouvoient
être réélus qu'après un certain nombre d'années, et par ce moyen elle s'ôta le seul remède
qu'elle eût pour sauver la monarchie. Sous
l'*Assemblée législative*, la monarchie n'exis-

toit plus de fait. Quant à la *Convention*, où les *brigands* ont fait justice des *sophistes*, quelle conclusion tirer d'une pareille *bande*, sinon que quand on a brisé les sauvegardes de la société, et donné le pouvoir à la multitude, tout est fini? C'est cependant cette affreuse Convention qui introduisit le renouvellement partiel en 1795, dans la crainte très-fondée qu'avec le renouvellement intégral aucun de ses membres ne seroit réélu.

Quand, par les élections royalistes en 1797, les conventionnels du dernier tiers de la Convention, qui restoient dans l'assemblée des *Cinq-Cents*, virent qu'ils avoient perdu la majorité, et que la France entière demandoit un changement total dans les principes du gouvernement, ils eurent recours une *seconde* fois à Buonaparte, et, aidés de ses soldats, ils firent le 18 *fructidor*. Il est donc clair que, si le renouvellement intégral avoit eu lieu, soit en 1795, soit en 1797, la France n'auroit eu ni le Directoire, ni Buonaparte, car *le* 18 *brumaire* n'étoit que le complément du 18 *fructidor*. Et n'est-ce pas une élection générale qui a produit la fameuse Chambre de 1815, que les royalistes partisans du renouvellement partiel ne renieront pas? Si alors *le jeu* du gouvernement représentatif avoit été aussi bien connu qu'il l'est aujourd'hui. le ministère, loin d'être en contradiction avec la majorité de la Chambre, en auroit été *l'organe*, et l'ordonnance du 5 septembre n'auroit pu paroître. Admettant que des *intrigues* firent perdre aux royalistes la majorité dans l'assemblée de 1816, il est du moins certain qu'après la loi des élections de 1817, trois renouvellemens partiels ne firent pas augmenter leur nombre dans la Chambre. Ce résultat ne fut dû qu'au changement dans la loi des élections. Si alors *la septennalité* avoit eu lieu, le ministère auroit probablement cassé la Chambre, et l'opposition royaliste seroit devenue tout de suite assez nombreuse pour n'avoir pas besoin de s'allier momentanément avec l'opposition de gauche. L'opposition royaliste étant devenue majorité, le principal ministre, éclairé par l'expérience, sur les principes du gouvernement représentatif, se seroit mis de suite à la tête de cette majorité. C'est donc à la nouvelle loi des élections, qui a donné à la propriété l'influence qu'elle doit avoir dans tous les pays, que la France est redevable de sa tranquillité (1). — Il me semble

(1) En Angleterre, la propriété *foncière* est telle-

donc qu'il n'y a pas même la plus légère raison pour citer l'expérience de la France en
faveur du renouvellement partiel.

Quant aux nouveaux Etats représentatifs de
l'Allemagne, il est bien permis de récuser
l'autorité de gouvernemens, où le *jeu* du système représentatif est encore inconnu, et dans
lesquels, si je ne me trompe, les débats des
Chambres ne sont pas même publics. La seule
monarchie mixte qu'on doive citer, c'est l'Angleterre ; et les Anglais riroient de pitié si on
leur proposoit d'adopter le renouvellement
partiel pour la Chambre des Communes. Sans
contredit, il y a de grandes différences entre
les institutions de la France et de l'Angleterre, mais depuis quelques années que cette
vérité est devenue, pour ainsi dire, triviale,
on la cite souvent mal à propos. Les royalistes
partisans du renouvellement partiel ont tort

ment considérée dans les élections que le même individu
a droit de voter dans tous les endroits où il a une propriété qui donne le droit de voter. En Ecosse, la propriété est encore plus respectée. Là, dans une élection
de comté, un propriétaire a autant de *votes* qu'il a de
propriétés qui donnent droit de voter dans le comté.
La propriété nécessaire pour avoir ce droit s'appelle *qua-
lification*.

de récuser à cause de ces différences l'autorité de l'Angleterre. Le *gouvernement* anglais, il est vrai, appuyé sur une puissante aristocratie, présente quelque chose de plus stable que celui de la France, mais le *ministère* anglais est tout aussi exposé que le *ministère* français à perdre son existence, et un changement fréquent de ministère a partout à peu près les mêmes inconvéniens. Si ces inconvéniens sont plus grands en France, où tout commence, qu'en Angleterre, où tout est achevé, il s'ensuit que la *septennalité* est encore plus nécessaire en France qu'en Angleterre.

Quant au mode de changer la loi existante, il me paroît que celui adopté par le ministère est le meilleur. La Chambre des Députés existante a certainement le *droit* de voter le renouvellement intégral : dire le contraire, c'est soutenir le dogme absurde de la souveraineté du peuple, et l'imperfection du pouvoir parlementaire. Le ministère avoit tout lieu d'espérer d'obtenir la majorité sur cette question dans une Chambre qui a montré tant de dévouement à la couronne, mais pour une mesure de cette importance, il me semble avoir eu raison de vouloir une Chambre nouvelle; une Chambre élue à la fois par tous les électeurs du royaume lesquels savent d'avance pourquoi les élections se font, donnera au changement projeté une *sanction morale* plus grande que ne l'auroit pu faire l'ancienne Chambre. Il y a dans cet appel volontaire (1) au corps électoral une loyauté qui doit plaire au caractère français, surtout quand cet appel se fait après une guerre qu'on a prétendu avoir été entreprise contre le vœu national.

Je ne sais rien de la manière dont le ministère présentera son projet à la nouvelle Chambre, s'il proposera, par exemple, que la Chambre nommée pour cinq ans selon la loi actuelle, non seulement abolisse le renouvellement partiel, mais qu'elle prolonge encore son existence de deux ans. Sans contredit la Chambre nouvelle aura ce droit, d'accord

(7) En disant un *appel aux électeurs*, je suis bien loin d'entendre que ceux-ci aient le droit de donner aucun *mandat spécial* aux députés, ou que ceux-ci aient besoin d'être *autorisés* par leurs commettans pour faire un changement quelconque dans la Constitution. Je veux dire seulement que le ministère en annonçant assez ouvertement son intention de proposer le renouvellement intégral, et la septennalité, à la nouvelle Chambre qu'on va élire, avertit franchement les électeurs de ce qu'ils ont à attendre de leurs députés, et par conséquent de l'importance des choix qu'ils vont faire.

avec les deux autres pouvoirs du Parlement: mais il me semble qu'elle feroit mieux d'imiter la conduite noble du ministère qui l'aura convoquée. Elle devroit éviter de donner prise à l'imputation d'égoïsme, quelque mal fondée que fût cette imputation, et renonçant à son droit légal, elle pourroit, en votant la septennalité, borner sa durée à cinq ans. On citera l'exemple de la Chambre des Communes d'Angleterre qui, élue pour trois ans, s'est donné des pouvoirs pour sept ans ; mais le principe de l'omnipotence parlementaire n'est pas encore aussi bien reconnu en France qu'en Angleterre. De plus, on sortoit alors en Angleterre d'une guerre civile, et on avoit raison d'éviter la commotion de nouvelles élections. On peut ajouter aussi qu'il y a un certain caractère chevaleresque dans la nation française, qu'on ne trouve pas au même degré chez les autres peuples, et que tout ce qui paroît intéressé déplaît plus en France qu'ailleurs. — Au reste, quant au projet de loi, il faut s'en rapporter d'une part à l'autorité, et de l'autre à la discussion parlementaire.